THEOPHILE GAUTIER

PEINTRE

THÉOPHILE GAUTIER

PEINTRE

—

« En ce temps-là, je n'avais aucune idée de me faire
« littérateur, mon goût me portait plutôt vers la pein-
« ture, et avant d'avoir fini ma philosophie j'étais entré
« chez Rioult, qui avait son atelier rue Saint-Antoine,
« près du temple protestant, à proximité de Charle-
« magne, ce qui me permettait d'aller à la classe après
« la séance. Rioult était un homme d'une laideur
« bizarre et spirituelle, qu'une paralysie forçait, comme
« Jouvenet, à peindre de la main gauche, et qui n'en
« était pas moins adroit. A ma première étude, il me
« trouva plein de *chic*, accusation au moins préma-
« turée.

« La scène si bien racontée dans l'*Affaire Clémen-
« ceau* se joua aussi pour moi sur la table de pose, et

« le premier modèle de femme ne me parut pas beau et « me désappointa singulièrement, tant l'art ajoute à la « nature la plus parfaite. C'était cependant une très- « jolie fille, dont j'appréciai plus tard, par compa- « raison, les lignes élégantes et pures ; mais, d'après « cette impression, j'ai toujours préféré la statue à la « femme et le marbre à la chair. Mes études de pein- « ture me firent apercevoir d'un défaut que j'ignorais, « c'est que j'avais la vue basse. Quand j'étais au « premier rang, cela allait bien, mais quand le tirage « des places reléguait mon chevalet au fond de la « salle, je n'ébauchais plus que des masses confuses. » (Autobiographie de Théophile Gautier, *Portraits contemporains*, Paris, Charpentier, 1874.)

Ces quelques lignes, écrites par le poëte lui-même en 1865, pour le *Panthéon des illustrations françaises au* XIXe *siècle*, publié par M. Victor Frond et édité par Abel Pilon, constituent tout ce que nous avons de documents personnels sur Théophile Gautier, peintre.

Ce n'est pas qu'il se refusât, dans les causeries intimes, à parler de cette vocation avortée et de la période de sa vie qu'elle embrasse. Il aimait au contraire à nous en entretenir, et même il se flattait de nous faire partager les illusions et les regrets qu'elle lui avait laissés au cœur. Quand il tenait ce paradoxe, il le poussait jusqu'à la plus amère éloquence; il accusait les hommes et les dieux de l'avoir dévoyé lâchement! Il jurait qu'il n'était point né pour « l'écriture, » — c'était son mot pour désigner l'art de l'écrivain, — et que le Livre *lui avait volé tous ses sujets de tableaux!* Puis, sur la trouvaille d'un trait comique ou d'une invective pittoresque, sa fureur tarissait tout à coup, et il se prenait à rire.

Grâce à quelques-unes de ces amusantes explosions, j'ai pu recueillir nombre de renseignements sur la production picturale de mon maître. Plusieurs fois même il m'a été donné de le voir peindre. J'avais un moyen infaillible pour obtenir ce dernier résultat. Je laissais traîner une palette toute chargée dans la chambre que j'occupais à côté de la sienne, et, après avoir eu soin de barbouiller préalablement une toile que je posais bien en vue sur le chevalet, j'allais l'appeler, sous couleur de connaître de lui la juste valeur d'un terme technique ou d'un tour de phrase précieux. Il arrivait, s'asseyait lentement sur l'escabeau, jetait un coup d'œil feintement distrait à la toile ébauchée, et commençait par me déclarer que j'étais né coloriste.

— Je te dis que tu as les plus belles dispositions!

— Oh! je ne m'en fais pas accroire, répondais-je pour l'amener par des objections à cette palette tentatrice : tout le monde est né coloriste! Mais pour savoir, il faut avoir appris. Vous, vous avez appris! Vous pouvez mettre un nez en place, tout est là. Moi, je n'y arrive pas. Mon génie se manifeste trop tard. Ainsi voyez cette tête, elle est d'une construction déplorable?...

— Mais non, je t'assure.

— Oh! déplorable!

— Il s'en faut de fort peu de chose qu'elle se tienne très-proprement! Ainsi tu n'avais qu'à jeter ici une ombre portée!

— Mais je ne sais pas jeter les ombres portées! m'écriais-je avec désespoir.

— Tu ne sais pas jeter les ombres portées? Mais c'est puéril! Tiens, tu prends du bout de la brosse, comme ceci, un peu de bitume ou de momie, ce que tu as, tu mélanges de vert Véronèse, et tu frottes. Vois-tu comme cela fait ressortir tes lumières?

Et sans quitter la palette, il reprenait :

— C'est comme ton oreille. Elle n'est pas en place, ton oreille. Regarde!

Puis, de correction en correction, il finissait par repeindre toute la figure. Et qu'il était heureux dans ces moments-là! Quelquefois je reprenais mon travail sans qu'il s'aperçût de ma présence, et la tombée du jour le surprenait immobile, silencieux, tout à sa passion, et avant qu'il eût songé même à rallumer son cigare, son fameux cigare toujours éteint!

Dès son installation dans la petite maison de la rue de Longchamps, à Neuilly (en 1857-58), Théophile Gautier rêvait d'avoir un atelier à côté de son cabinet de travail et de mener de front les deux arts pour lesquels il se croyait doué également. Cet atelier, il ne tarda point à le faire construire, et cela à ses frais, quoique la maison ne lui appartînt point, ainsi qu'on l'a cru. Il était vaste, élevé, bien aménagé, et jouissait sur le jardin d'un joli jour, fin, discret, et tamisé par le feuillage. De l'autre côté, au midi, une baie avait été pratiquée dans la toiture, pour les nécessités d'éclairages plus violents. Sous cette ouverture, au fond, et vis-à-vis du vitrage une bibliothèque circulaire, spécialement affectée aux collections de dessins, gravures, documents d'art, costumes, couleurs et pinceaux, et propre à recevoir tout l'attirail d'un peintre *très-achalandé*, développait ses portes à coulisses engrenées les unes dans les autres : à hauteur du genou le meuble formait coffre et divan bas, à la mode des cafés turcs. Des tableaux et des esquisses couvraient les murs tendus du plus riche papier saumon. Certes le temple était préparé pour recevoir la déesse. Il faut croire qu'elle n'y vint guère, car en deux ans je n'ai pas vu quatre fois le maître dans son atelier, dont on avait fait successivement une chambre de débarras, puis une lingerie, puis un réceptacle de vieux livres, et que je dus enfin disputer à une armée de chats farouches et sauvages lorsque j'y transportai à mon tour mes lares domestiques.

Quoi qu'il en soit, j'estime que le temps surtout a fait défaut à l'élève de Rioult pour cultiver un art dont le goût, quoique parasite en lui, n'en était pas moins vivace. Pendant quarante ans et davantage d'une production littéraire surmenée, encyclopédique, qui ne lui laissa ni trêve ni loisirs, est-il bien étonnant que le peintre ait succombé sous l'écrivain? A-t-on bien le droit d'inférer de là qu'il n'aurait jamais eu de talent dans un art dont il traitait avec une compétence si élevée, un tact vaticinateur et une rare érudition pratique? J'aurais là-dessus beaucoup de choses à dire, qui ne plairaient pas toutes à mes confrères, grands classificateurs intellectuels, et dont la philosophie s'accommode mal de l'indivisibilité du vrai génie. D'ailleurs, il faut en convenir, mon maître n'a pas été le grand peintre incompris qu'il feignait d'être aux heures des paradoxes : il le savait mieux que quiconque et, si on l'avait interrogé, il aurait répondu qu'il fallait mettre son pinceau à côté du violon d'Ingres, des casseroles d'Alexandre Dumas, de la politique de Lamartine, et même du crayon de Victor Hugo, dans le petit musée des originalités intimes du XIXe siècle.

> Je te dirai comment Rioult, mon maître, fait
> Un tableau qui, je crois, sera d'un grand effet :
> C'est un ogre lascif qui dans ses bras infâmes
> A son repaire affreux porte sept jeunes femmes.
> Renaud de Montauban, illustre paladin,
> Le suit l'épée au poing.....
> *(Premières poésies,* page 100.)

Ce tableau de Rioult qui inspirait en 1829 des vers si enthousiastes au futur critique d'Ingres et de Delacroix, est aujourd'hui au Musée d'Amiens. Dans cette même poésie adressée à Eugène de Nully, — son camarade de collége avec Gérard, — Théophile Gautier dit encore de Rioult :

> Je préfère pourtant ses petites baigneuses,
> Vrai chef-d'œuvre de grâce et de naïveté,
> Où la jeunesse brille avec son velouté.

Gautier possédait, et il a gardé jusqu'à sa mort, deux tableaux de baigneuses par Rioult; ils mesuraient 0m,32 de hauteur sur 0m,25 de large, et ils formaient pendants. A sa vente, ils ont été payés cent francs chacun et adjugés à M. Hulot. Je crois que c'étaient des réductions des toiles célébrées dans le poëme, exposées au Salon de 1827, et jugées ainsi par A. Jal: « M. Rioult « a fait des choses agréables; la naïveté de forme et de « couleur de ses deux petites baigneuses a plu générale- « ment. L'auteur ne s'est pas encore élevé au-dessus de « sa *Velléda*.... M. Rioult travaille avec conscience; s'il « ne va pas à Corinthe, ce n'est pas sa faute : le proverbe « est plus fort que lui. » (*Salon de* 1827, par Jal, p. 499.)

Je possède une copie à la mine de plomb de l'une de ces deux compositions: elle est exécutée par Théophile Gautier. Rioult dans ces tableautins préludait, sans le savoir, à la dernière manière de Diaz, mais du Diaz de commerce, de celui des petites nymphes mirant dans une source leur nudité chaude et incorrecte.

C'est à cette époque que remonte le petit portrait à l'huile de Théophile Gautier par lui-même, appartenant à M. Poulet-Malassis, et que M. Maurice Tourneux a reproduit en tête de son excellente bibliographie du poëte. Il s'y est représenté avec le gilet rouge de *Hernani*, c'est-à-dire à dix-neuf ans. Il ne portait pas encore les cheveux longs et tombant sur les épaules, à la manière d'un roi franc. Il n'adopta guère cette coiffure que vers 1833, ainsi que le démontre un autre portrait autographe, gravé à l'eau-forte vers cette date et reproduit dans les *Portraits contemporains* (Charpentier, 1874). On sait que la raison qui détermina Théophile Gautier à laisser ainsi sa crinière se développer à l'aise fut la jalousie qu'il avait de la barbe magnifique de Pétrus Borel : « Nous admirions, nous autres imberbes ne possédant qu'une légère moustache aux commissures des lèvres, cette maîtresse toison. Nous avouons même que nous, qui n'avons jamais rien envié, nous en avons été jaloux bassement et que nous avons essayé d'en contre-balancer l'effet par une prolixité mérovingienne de cheveux. (*Histoire du Romantisme*, page 21.)

Dans le portrait reproduit par M. Tourneux, ainsi que dans un autre dessiné à la mine de plomb, signé et daté de novembre 1831, et qui est aussi chez M. Poulet-Malassis, Théophile Gautier est coiffé à la mode des élégants de l'époque, c'est-à-dire en lion ; presque tous les cheveux sont rejetés en masse d'un seul côté de la tête, comme dans le médaillon de Jehan Duseigneur, fait également en 1831. On retrouve ce dandysme capillaire dans beaucoup de portraits de poëtes et d'artistes contemporains, et notamment dans celui d'Alfred de Musset, par David d'Angers.

D'ailleurs, pour en finir avec les nombreux portraits, autographes ou non, du maître, je donne ici ce renseignement aux curieux. Le meilleur Gautier jeune, le plus ressemblant et le plus intéressant qui ait été peint, est celui qui appartient aujourd'hui à sa fille aînée, Mme Judith Gautier, et qui fut exécuté d'après nature en 1839 par le poëte Auguste de Châtillon. Quant au Gautier de la maturité, dont la tête olympienne et populaire eût tenté un Phidias, et qui semblait faite pour la statuaire, il n'a été réussi par aucun de ses contemporains. MM. Clésinger, Carrier-Belleuse, Aimé Millet et d'autres encore s'y sont vainement essayés. On en peut dire autant des peintres. Pas un de nos maîtres n'a su profiter de ce superbe modèle, et nous n'aurons pas de Théophile Gautier un portrait historique. Celui que M. Bonnegrace exposa en 1861 a *de sérieuses qualités* ; mais c'est le Gautier familial et bourgeois. Il ne rend qu'un des côtés intimes du modèle. Deux aquafortistes seulement me paraissent avoir compris la rare beauté plastique de la figure du poëte, MM. Bracquemond et Jacquemart. Le premier a publié dans *l'Artiste* une eau-forte d'après une photographie de Nadar qui est un chef-d'œuvre d'après un chef-d'œuvre. Un autre portrait de Théophile Gautier, entre vingt-quatre et vingt-six ans, lestement enlevé à la mine de plomb par Théodore Chassériau, et légué par le poëte à Mme Carlotta Grisi, mérite d'être encore signalé. Gautier avait pour lui une préférence marquée. C'était celui-là qu'il montrait quand il voulait nous prouver qu'il avait été fort beau dans sa jeunesse. Il a été gravé pour *l'Artiste* par M. A. Bodin, et *l'Art* l'a fait reproduire pour ses lecteurs. Quant au médaillon exécuté par M. Jules Jacquemart pour l'édition définitive d'*Émaux et Camées*, on a pu dire qu'il était lui aussi définitif.

Mais peut-être y aurait-il là pour l'administration des beaux-arts l'occasion d'une commande sympathique à tous ceux que touchent les intérêts de l'art et de la gloire nationale.

L'abbé de Montesquiou, l'ancien ministre de Charles X, a été longtemps le protecteur de la famille Gautier, et il était l'ami de M. Gautier, le père. C'est ainsi qu'il fut le parrain de l'une des sœurs de Théophile, et qu'une bonne partie de sa bibliothèque échut au poëte. Pendant que celui-ci étudiait chez Rioult, M. Gautier le père emmenait assez souvent les siens passer les vacances à Maupertuis, auprès de Coulommiers, où les Montesquiou avaient un château. Une partie du domaine avait été donnée à la commune pour la construction d'une église et d'un presbytère. C'est pendant ces vacances que Théophile, alors dans toute l'ardeur de sa vocation de peintre, proposa au curé de cette église de réparer tous les tableaux qu'elle renfermait. L'offre fut acceptée, mais bientôt suivie d'une autre plus audacieuse encore, qui était de cacher la nudité du fond du chœur par un tableau religieux, entièrement composé et exécuté par Théophile Gautier, élève de Rioult.

Le lecteur lira au catalogue la description de cet ouvrage curieux, qui fut fait, accepté et mis en place. C'est en songeant à cette toile perdue dans un coin d'église de village, que les sœurs du poëte, complices tenaces de ses jeunes illusions, disaient avec de gros soupirs :

— Ah ! si Théo avait persévéré !

Jusqu'au dernier jour, Gautier a trouvé parmi les siens une foi invincible en sa vocation de peintre. On attribuait très-sincèrement son abandon de la peinture à l'odeur malsaine des couleurs !

Malgré tout ce que j'entendais dire autour de moi de cette vocation pour la peinture, j'ai toujours soupçonné mon maître d'avoir abandonné cet art à bon escient et pour des raisons plus décisives que celle de cette myopie à laquelle il attribuait tout le mal. Lorsque je l'accusais gaiement à ce sujet d'avoir voulu commencer sa vie par un paradoxe, le regard sévère qu'il me lançait m'a paru plus d'une fois démenti par un imperceptible sourire. Cependant il n'aimait pas qu'on lui contestât le talent regretté. « Je ne prétends pas que j'aurais été un Rembrandt ni un Véronèse! Mais j'aurais fait très-proprement, voilà tout, et pour le moins aussi bien que ton X ou ton Z qui sont aujourd'hui de l'Institut, et cela grâce à mes feuilletons peut-être! D'ailleurs sache ceci pour ta gouverne : un de mes pastels a été, en vente publique, payé plus de trois cents francs, *malgré ma signature!* Je dis trois cents, tu entends! »

En cela il ne disait que la vérité. Le pastel existe encore : il appartient à M. Haro, l'expert ; il est signé des initiales T. G., et il a été adjugé en effet au prix dénoncé, à l'hôtel Drouot. J'ignore si c'est *malgré*, ou *à cause* de la signature, mais je ne me rappelle pas sans émotion avec quelle fierté naïve Gautier prononçait ce « trois cents francs ! » et quelle importance il attachait à ce jugement porté sur sa peinture par la spéculation, l'infaillible, l'incorruptible spéculation ! Il semblait qu'il s'en trouvât vengé du dédain public, de sa myopie, de la littérature et de tous ses contempteurs ! Ce pastel vendu trois cents francs, lui était trois cents fois plus cher que tous ses livres, même les plus célèbres ! Il ne se rassasiait pas d'en parler, quand il en parlait.

La première fois qu'il me mena chez M. Haro, il ne put se tenir de me dire, à peine arrivés : « Monte là-haut voir mon pastel de trois cents francs ! » Et à peine y étais-je qu'il vint me rejoindre : « Eh bien, qu'en dis-tu ? » Et comme j'offrais à M. Haro de le lui acheter pour le double du prix : « Ce garçon-là, fit mon maître en se tournant vers l'expert, est doué d'un goût remarquable pour les choses de l'art : quand je l'aurai formé, il fera un bon critique ! » Et il se prit à rire, de ce doux rire d'enfant qu'il avait aux bons jours, quand la maladie lui accordait une trêve de souffrances.

A la vérité, ce fameux pastel, — qui provient, je crois, de la vente de Mlle Alice Ozy, — n'est pas un si mauvais morceau. Cela n'est point du premier ordre, mais cela n'est point non plus du dernier, et je ne vois guère, parmi les spécialistes, beaucoup de gens capables d'écraser plus vigoureusement cette poussière d'ailes de papillons dont est fait le pastel. Il représente l'une des créations du poëte, et il est dénommé par lui-même Βαχχις Σαμια, c'est-à-dire Bacchide de Samos, l'héroïne de ce joli conte *la Chaîne d'or ou l'Amant partagé* que Gautier écrivit pour Balzac et qui parut dans la *Revue de Paris* :

« Elle est grande, svelte, bien faite ; elle a les yeux et les cheveux noirs, la bouche épanouie, le sourire étincelant, le regard humide et lustré, le son de voix charmant, les bras ronds et forts, terminés par des mains d'une délicatesse parfaite. La peau est d'un brun plein de feu et de vigueur, dorée de reflets blonds comme le cou de Cérès après la moisson : sa gorge fière et pure soulève deux beaux plis à sa tunique de byssus. » (*Nouvelles*, Charpentier, page 314.)

C'est ce portrait littéraire d'une hétaïre grecque, — portrait que je crois d'ailleurs exécuté d'après nature et sur un modèle que quarante ans séparent de la ressemblance, — qu'il s'agissait de transposer dans un autre art également familier. Dans le pastel, Bacchide est présentée de face sur un fond bleu, les cheveux noués par des bandelettes d'or qui lui retombent sur les épaules, d'où pend une tunique rose, laquelle recouvre la moitié de la poitrine. Je ne veux pas dire que le peintre y vaille le poëte et qu'il ait trouvé des touches aussi admirables que ce : *dorée de reflets blonds comme le cou de Cérès après la moisson ;* mais les tons sont fins et solides, le modelé parfaitement correct, et la physionomie d'une expression charmante répond fort bien à l'idéal que l'on se fait de la belle courtisane, sans compter qu'elle offre cet avantage de nous résumer le type favori de femme du peintre écrivain.

Il est remarquable que dès que Théophile Gautier s'emparait d'un crayon ou d'un pinceau, sa main traçait une tête de femme d'un genre de beauté invariable, fût-elle d'ailleurs brune ou blonde. Ceux qui ont lu dans *le Diable à Paris*, édité par Hetzel, le chapitre consacré à l'Hôtel des Haricots auront sans doute remarqué, parmi les illustrations qui reproduisent les fantaisies décoratives tracées par des artistes sur le mur de la mémorable prison, une petite frimousse de manola, signée Théophile Gautier, et dont Alfred de Musset, son coreligionnaire en garde nationale, a écrit :

Celui qui fit, je le présume,
Ce médaillon,
Avait un gentil brin de plume
A son crayon.

Or cette « Andalouse assez gaillarde, au cou mignon, » comme la décrit encore Musset, peut être prise pour le prototype de toutes les têtes féminines dessinées ou peintes par Théophile Gautier. Sur trois peintures que, pour ma part, je possède du maître, deux reproduisent les traits de cet idéal intime. J'en puis dire autant de tous les croquis de lui que j'ai vus chez des amis ou chez des membres de la famille. A de longs intervalles, sans y songer ou sans s'en apercevoir, il retrouvait cette tête d'Andalouse ; sa main se l'était comme assimilée, et quelque diverses que fussent les visions féminines de ce grand adorateur de la femme, apte d'ailleurs à toutes les beautés, ses doigts soumis ou rouillés ne formulaient plus que celle-là. C'était sa Fornarine et sa Monna Lisa.

Un jour cependant, — c'était sans doute le lendemain d'une indigestion de copie, — le maître résolut d'en revenir à ce qu'il appelait son vrai métier. C'était en 1867. Il avait conçu l'idée d'une figure allégorique, grandeur naturelle, *la Mélancolie*. Il s'agissait d'arriver pour le Salon de l'année.

— Nous verrons bien si je suis reçu par le jury ! s'écriait-il.

Et comme on lui faisait malignement observer qu'il ferait très-probablement partie de ce jury-là, ainsi qu'à l'ordinaire : « Je vais envoyer ma démission, et je signerai mon tableau d'un faux nom. Êtes-vous satisfaits ? Que l'on aille me chercher une toile et des couleurs ! »

L'entreprise fut d'abord menée vigoureusement, s'il faut en juger d'après l'esquisse qui nous en reste et pour laquelle il fit poser la plus jeune de ses filles. Mais la copie, la copie maudite, reprit bientôt ses droits, hélas !

quotidiens, et le maître se découragea de son rêve. D'ailleurs Théophile Gautier n'était pas homme à passer successivement du cabinet à l'atelier, et de l'atelier au cabinet ; son esprit, lent aux décisions, se désenchantait assez vite et ne résistait guère à l'obstacle. Cette étude de *la Mélancolie* est demeurée en ma possession, et certes ! je ne l'échangerais point contre un Rembrandt; mais il faut bien dire qu'elle justifie peu les regrets de son auteur pour son premier métier. Il n'avait pas sur sa palette de peintre la millième partie des tons qu'il a sur sa palette d'écrivain. Le plus étrange, c'est que ce coloriste littéraire sans égal, ce patricien extraordinaire du verbe, qui a tiré des mots leur pourpre et leur quintessence de lumière, nous apparaît tout autre dans sa peinture. Il s'y révèle dessinateur correct et froid, élève exemplaire, tout imbu des bons principes et de la tradition, j'allais dire « fort en thème. » Le Gautier peintre, celui des dernières années surtout, est notoirement académique. N'est-ce pas bizarre ? J'avoue n'avoir pu encore m'expliquer comment la même main a pu tenir à la fois la plume en Véronèse et le pinceau en Chênedollé. O mon bien-aimé maître ! si vous m'entendez, pardonnez-moi ; mais votre *Mélancolie*, que vous me montriez jadis avec tant de fierté, ne vaut pas une page de *Mademoiselle de Maupin* ou dix vers de *la Comédie de la Mort*.

Le pastel semble avoir porté meilleure chance au poëte. Outre Βαχχὶς Σαμια il a laissé dans ce genre plusieurs ouvrages véritablement intéressants. Le portrait de sa mère, entre autres, tout vivant d'une ressemblance intime et profonde, et modelé généreusement. Puis celui de Mme Carlotta Grisi, très-blond au contraire et vaporeux. La célèbre danseuse est blanche et d'une carnation fragonardienne : posée de trois quarts, elle se formule comme une apparition flottante, par lignes indécises, estompées de tons doux et légers, souriante et demi-idéalisée dans sa création de *Giselle*. Il est regrettable que M. Boulanger n'ait pas connu ce morceau : il s'en serait inspiré fructueusement pour son médaillon du Foyer de la Danse, à l'Opéra.

Un autre portrait de la même personne, mais à l'huile, celui-là, est à Genève. Théophile Gautier le fit, le soir, à la lumière d'une lampe. Le modèle est de profil, les yeux baissés en travaillant à quelque broderie; le haut du visage baigne dans l'ombre, et la joue est éclairée, au niveau d'un abat-jour. L'effet est fort bien rendu, sincèrement et sans procédé. C'est, à mon sens, la meilleure peinture du maître. Au sujet de ce portrait on racontait dans la famille que M. Ingres, en le voyant, s'était écrié avec cette brutalité bonhomme qui prêtait tant de prix à ses éloges : « Qui est-ce qui a fait ça ? Je ne connais pas cette peinture-là ! »

Inutile d'ajouter que Gautier citait volontiers le mot et lui attribuait le sens le plus favorable.

Au résumé, quelles qu'aient été ses illusions sur son talent de peintre, le maître a aimé passionnément la peinture. Il en jouissait plus profondément que de tous les autres arts et il la comprenait si bien qu'il en est resté le juge le plus admiré de ce temps. Il savait, pour les avoir éprouvées, ce que la pratique du métier contient de joies, et quel plaisir il y a dans sa manipulation. Tous ses chagrins étaient oubliés quand il pouvait frotter de la couleur sur une toile, bien à l'aise, manches retroussées et col ouvert. Pour moins que cela même il devenait heureux : je l'ai vu prendre un tel plaisir à peindre en rouge des portes de son appartement, y dépenser une telle ardeur, et parler avec tant d'envie du bonheur des décorateurs, que la distraction lui en devint dangereuse et que l'on fut forcé de la lui interdire. Hélas ! toute émotion trop vive pouvait déjà lui être mortelle. Mais de quel accent inoubliable il nous dit ce jour-là, et avec quel sourire :

— Allons ! me revoilà condamné à mettre du noir sur du blanc !

CATALOGUE

DE

L'ŒUVRE PEINT, DESSINÉ

ET GRAVÉ

DE

THÉOPHILE GAUTIER

---

1. 1818 (Sept ans). *Némorin*, composition au crayon. (Disparue.)

2. *Estelle*, le pendant. Elle est restée dans la famille, et elle appartient à Mlles Gautier, sœurs du poëte. C'est une figure aux trois quarts de nature. Elle est présentée de face, costumée en bergère, en corsage à bretelles, et le chapeau rejeté en arrière, d'où s'échappent deux longues tresses frisées en tire-bouchons.

(Par une curieuse coïncidence, ce nom d'Estelle devait être trente ans plus tard celui de l'une des filles de Théophile Gautier.)

3. 1825 (Quatorze ans). Église de Maupertuis, près Coulommiers. Réparation des tableaux de l'église.

4. Décoration de la grande nef. Elle embrasse tout le fond du maître-autel, et représente *Saint Pierre guérissant un*

paralytique. A gauche le paralytique assis sur une pierre fendue; debout devant lui, saint Pierre occupe le centre. A droite, des femmes vêtues en Égyptiennes assistent au miracle. La scène se passe dans une salle à colonnes, tendue de draperies rouges; par l'ouverture du fond on aperçoit la campagne, symbolisée par un arbre de Judée. Cet arbre et la pierre fendue avaient été étudiés d'après nature. La composition est de forme hémicycle.

5. Même époque. Une vue de la place de l'église de Maupertuis. A droite, le presbytère : on en voit sortir la servante du curé, qui se dirige avec des seaux vers la fontaine de la place; poules et canards. Au milieu, sur le premier plan, la fontaine; plus loin, l'église, sous le portail de laquelle le curé entre. A gauche, la vieille porte du château de Montesquiou, porte du XVIIIe siècle, fort curieuse, avec serrures, agrafes et clous ouvragés; de grands arbres l'ombragent et indiquent le parc. Du même côté, sur les plans avancés, une boucherie et un banc de pierre avec deux personnages. (Ce tableau est perdu.)

Même époque encore.

6. 1° Portrait du boucher de Maupertuis.

7. 2° Portrait de la bouchère.

8. 3° Portrait de la servante du curé, très-jolie fille, paraît-il, en robe à petits carreaux et à fleurs roses.

9. 4° Portrait d'une jeune fille brune en robe blanche.

10. 5° Tête de vierge, brune, vêtue de rouge.

11. 6° Titine. (Titine était la petite fille d'une paysanne de Maupertuis, qui avait soigné Théophile lorsqu'il

s'était cassé la jambe, et que l'on surnommait « Chère amie », à cause de l'habitude qu'elle avait de cette locution familière.

12. 7° Portrait d'un vieux paysan.

13. 8° Beaucoup d'études d'enfants, parmi lesquelles une d'enfants de meuniers, sortant de leur moulin.

14. 1827 (Seize ans). Portrait de Mme Gautier, sa mère. Pastel. Il est resté dans la famille, et il appartient aux sœurs du poëte.

15. Portrait de Mlle Émilie Gautier, sa sœur. Mêmes propriétaires.

16. Portrait d'Auguste Maquet, à l'huile.

17. Portrait de M. Massé, avocat à Bourges.

Même époque (rue du Parc-Royal).

18. Divers portraits de petites filles mortes.

Le spectacle des enfants morts est un de ceux qui l'ont ému toute sa vie : ses poésies en font foi.

Même époque.

19. L'*Innocence*. Composition à l'huile, de grandeur naturelle.

C'est une figure nue, vue de face, de jeune fille blonde. Elle est couronnée de marguerites; à la main droite, qui pend le long du corps, elle tient un bouquet des mêmes fleurs, parmi lesquelles se cache un lézard. Elle s'avance sur un chemin bordé de fleurettes et d'herbes sauvages, et à ses pieds se déroule un serpent symbolique.

On ignore ce qu'est devenue cette allégorie qui avait été offerte par l'artiste à Mme Damarin.

20. 1829 (Dix-huit ans). Quatre petits tableaux à l'huile, ovales, de 0m,20 de hauteur; ils appartiennent à Mlles Gautier.

1° Femme brune, représentée jusqu'à la ceinture, comme les suivantes. Bonnet dit à la folle, robe rose avec ceinture de soie noire.

2° Femme brune; toilette de soirée; décolletée; roses rouges dans les cheveux; un manteau d'hermine sous lequel passe un cachemire rouge.

3° Femme blonde; béret cerise avec deux marabouts blancs sur des cheveux bouclés; corsage en velours cerise, bordé de pierreries, et de forme dite jockey; petits revers triangulaires sur les épaules. Des bandes de pierreries bordent l'ouverture du corsage et celle des manches blanches. A la taille une ceinture de pierreries avec une grosse escarboucle formant boucle.

4° Femme blonde. Coiffée en boucles remontantes; chapeau à larges bords, orné d'une plume blanche et de rubans de satin blanc et cerise. Collerette blanche tuyautée. Spencer bleu pervenche à pointe, sur une robe de mousseline blanche.

21. 1830. Son portrait à l'huile, en tenue de Hernaniste. Reproduit en fac-simile en tête de la *Bibliographie* de Théophile Gautier, par M. Maurice Tourneux. (Baur, 1876, in-8.) Ce portrait dont Gautier avait fait don à la famille Damarin, se trouve aujourd'hui chez M. Poulet-Malassis, qui le tient de Mme Renaut, née Damarin.

22. 1830. Jeune fille en costume de bal, coiffée de marabouts, avec une ferronnière sur le front. Chez M. Poulet-Malassis.

23. Portrait de Mme Damarin, à l'âge de quarante ans. A M. Renaut, receveur des douanes, à Paris.

Ici se termine la période picturale de la vie de Théophile Gautier. Le cor d'Hernani a retenti, et Victor Hugo l'emporte sur Rioult. Le premier ouvrage littéraire de Théophile Gautier allait paraître l'année suivante (29 juillet 1830) chez Charles Mary, passage des Panoramas.

PÉRIODE LITTÉRAIRE.

24. 1831. *Jacinta,* type de la maîtresse d'Onuphrius, des *Jeunes-France;* mine de plomb, signée et datée du 14 juillet 1831. A. M. Poulet-Malassis.

25. 1831. Son portrait à la mine de plomb, signé et daté de novembre 1831. A. M. Poulet-Malassis.

26. 1833. Son portrait à l'eau-forte. Reproduit en tête des *Portraits contemporains.* (Charpentier, 1874).

27. 1835. Trumeau pour la décoration de la maison de l'impasse du Doyenné.

28. 1836. Cartouche-frontispice de la *Couronne de bleuets,* roman, par Arsène Houssaye. Il est formé de mascarons, de sphinxs et de sirènes ; au centre se lit le titre du livre, et à gauche la signature *Th. Gautier.*

29. 1837. *Angélique,* étude faite dans l'atelier de Chassériau.

30. 1842. Tête de petite fille de treize ans. Type israélite. Un cercle d'or dans les cheveux ; collier de perles blanches ; grandeur naturelle.

31. Hôtel des Haricots. L'Andalouse, dessin sur le mur de la prison. Reproduit dans *le Diable à Paris.* (Disparu.)

32. 1845. Une douzaine de bois exécutés pour l'illus-

tration d'un voyage en Afrique, et commandés par M. Hetzel, qui les possède encore. Ces bois, restés inédits, sont charmants ; il est à souhaiter que l'éditeur les utilise. Sur son excursion en Afrique, faite en compagnie de M. Noël Parfait, Théophile Gautier n'a laissé que quelques pages recueillies par Michel Lévy dans le volume intitulé : *Loin de Paris.*

A partir de ce moment, il est presque impossible de préciser les dates auxquelles l'écrivain a peint ou dessiné, dans ses heures de loisir, les diverses études dont j'ai retrouvé les traces. D'ailleurs mes prétentions ne sont pas d'établir ici un catalogue définitif de son œuvre, je ne puis et ne désire que faciliter la besogne et la dégrossir à celui qu'une telle entreprise tenterait. Les dessins de Gautier sont fort nombreux, et il n'est pas un de ses amis qui n'en possède un ou deux à titre de souvenir.

33. Vers 1858. Portrait de Mme Ernesta Grisi, au crayon Conté. — Collection de M. Émile Bergerat.

34. Portrait de sa fille, Mlle Estelle Gautier, au crayon Conté. — Même collection.

35. Portrait de Mlle Dupin, au crayon Conté. — Même collection.

36. Entre 1862 et 1864. Tête de fantaisie (Ophélie ?), mine de plomb. — Même collection.

37. *Baigneuses*, d'après Rioult, mine de plomb. — Même collection.

38. Portrait de Mlle Marie Barbey, mine de plomb. — Même collection.

39. Tête de bacchante, faite à Saint-Pétersbourg. — Fac-simile par M. Aglaüs Bouvenne dans la publication : *Sept dessins de gens de lettres...* Paris, 1874, in-fol.

39 *bis*. Répétition de la même tête. — Collection de M. Émile Bergerat.

40. Profil de Mme Carlotta Grisi, mine de plomb. — Même collection.

41. Portrait de Mlle Ernestine Grisi, enfant, mine de plomb. — Même collection.

42. Portrait au pastel de Carlotta Grisi, dans le rôle de Giselle.

43. *Bacchante*, à mi-corps, blonde et nue. — Collection de M. Émile Bergerat.

44. Βακχις Σαμια, pastel, à M. Haro.

45. De 1864 à 1870. *La Mélancolie*, à l'huile (1867). — Collection de M. Émile Bergerat.

45 *bis*. 1865. Tête à la sanguine, à M. Alfred Stevens, avec dédicace de Théophile Gautier à Mme Stevens.

46. Deux pochades sur papier à chandelle, à l'encre rouge. La première, intitulée : *Cuisine du samedi*, représente une scène de sabbat ; la seconde est une fantaisie burlesque sur la *Tentation de saint Antoine*, de M. Gustave Flaubert. L'écrivain est occupé à composer, et autour de lui voltigent des apparitions de tigres, de lions, d'ours, au milieu desquels s'étire une femme nue, enceinturée d'un serpent, etc. Même collection.

47. Portrait à l'huile de Mme Carlotta Grisi, à Genève.

48. Portrait à l'huile de Mlle Ernestine Grisi, à Genève.

49. Plusieurs photographies, tirées pâles, et reprises aux crayons de couleur ou à l'aquarelle, selon un procédé de M. Hébert.

www.ingramcontent.com/pod-product-compliance
Ingram Content Group UK Ltd.
Pitfield, Milton Keynes, MK11 3LW, UK
UKHW032035260826
14628UKWH00006B/2962

9 782019 674779